AF136652

# Une poussière d'étoile dans la rosée de l'aube

Poèmes

Michel BRIGNOT

## L'auteur

Michel BRIGNOT est né à Dijon en 1957. Il vit à Dole, dans le Jura, depuis 1985. Il est publié depuis 2008. Il touche à divers genres littéraires, affectionnant plus particulièrement ceux de la nouvelle et de la poésie.

Lauréat du Prix Jean-Marie Garet pour l'une de ses nouvelles en 2014

Prix Louis Pergaud 2020 pour son recueil de nouvelles *L'Erreur de trop*

Membre de l'Association Comtoise des Auteurs Indépendants

Membre de la Société des Poètes Français.

Pour en savoir plus sur l'auteur : www.michelbrignot.com

« Aimer jusqu'à la déchirure
Aimer même trop, même mal
Tenter, sans force et sans armure
D'atteindre l'inaccessible étoile… »

Jacques BREL

« À l'aube revenant
Les amants se relèvent
Descendent de leurs rêves
Encore ruisselant. »

Francis CABREL

## Préambule

Une poussière d'étoile dans la rosée de l'aube

L'Émotion m'a envahi… Fruit de la réalité ou produit de mon imagination, Elle a guidé ma main dans l'écriture de ces poèmes. Toujours là à travers ces lignes, Elle leur donna une coloration et un parfum si particulier. Elle fut ma compagne pendant toute la durée de la conception de cet ouvrage. Et même une fois posé le point final, je ne pus m'en défaire.

Comme Elle s'attacha à moi, je me liai à Elle pour mon plus grand bonheur.

Puissiez-vous à votre tour éprouver une belle émotion à la lecture de mes vers.

Michel BRIGNOT

## Une étoile...

Une étoile étourdie
En un claquement de bras
D'un peu d'elle se défit
Libérant un éclat

Sur la terre tomba
En quête d'un abri
Et longuement erra
De nombreux jours et nuits

Se cachant du soleil
Fouillant chaque recoin
Se privant de sommeil
Allant toujours plus loin

La petite pépite
Dénicha un regard
Mettant fin à sa fuite
S'y cacha sans retard

L'œil était d'un beau vert
Elle y fit une trace
Une traînée de poussière
Arrivée de l'espace

Elle en fit un sourire
Un soleil éclatant
Un îlot de plaisir

D'un charme saisissant

Et le petit éclat
Droit sorti du néant
Devint un bel appât
Un élégant aimant

Qui attirait à lui
Le regard de tous ceux
Qui aussitôt séduits
En tombaient amoureux.

## Regard masqué (Merci Covid !)

Si le virus Covid nous avait ignorés
La course folle du monde eût été différente
S'il avait bien voulu ne pas nous déranger
Nous n'aurions pas connu si tôt l'enfer de Dante

Mais le féroce virus, dans toute sa fourberie
A voulu dans sa gloire qu'il en fût autrement
Il nous a concocté une belle pandémie
Prenant pour les humains l'allure d'un châtiment

Les mois et les années égrenaient leurs journées
Pour le temps, les saisons, la vie suivait son cours
Mais les pauvres terriens de force confinés
Espéraient tous qu'il y ait très vite de meilleurs
jours

On ne savait plus voir un visage découvert
Depuis longtemps déjà c'était une denrée rare
Un souvenir lointain, on avait changé d'ère
L'image d'un sourire ou d'une face hilare

N'était plus que vestige dans l'esprit de chacun
Il n'y avait désormais plus de joues rubicondes
Plus de messieurs barbus, plus de mentons chagrins
Plus de dents avariées, plus de mines girondes

Les masques et les fichus hantaient le paysage
Pour cloîtrer le virus et le rendre moins vif
Pour éviter à tous de vivre ce naufrage
D'où nul ne sortirait sans douleur ni vertige

Et je la découvris, là debout devant moi
Le visage cerné d'un large bouclier
D'où il ne dépassait qu'un regard plein d'émoi
Des yeux qui me fixaient pour mieux me détailler

Et je ne voyais qu'eux, et eux me le rendaient
Encore plus séduisants dans ce demi visage
Sans bouche ni menton, sans le moindre autre trait
Ses yeux seuls survivants d'une face prise en cage

Sans Covid et ses frasques, je n'aurais jamais pu
Vivre une telle émotion et comprendre à quel point
Son regard était beau, je n'aurais jamais su
Qu'il fût un jour possible qu'un sentiment humain

Pût aussi bien se lire dans le ciel d'un regard
Sans l'aide d'un sourire ou de quelques propos
Je saisis ce jour-là, dans la lumière du soir
Que sans la pandémie, je serais mort idiot.

## D'adorables berges

Ils se tenaient la main, se caressaient les doigts
Admirable mariage qui respirait la joie
Elle avait des doigts longs, joliment cylindriques
Il les avait très larges, brutalement cubiques

On n'eût jamais pensé qu'une telle chose se fît
Qu'il fût ainsi possible que des formes comme celles-
ci

Arrivent à se rejoindre et même se mêler
Tellement on les voyait si peu se ressembler

Mais c'est faire peu de cas des mystères de l'amour
De ce grand alchimiste qui se mit un beau jour
À inventer la vie, créer les océans
Avec un brin de ciel et quelques firmaments

De ce génial maçon qui bâtit l'univers
Avec son dôme d'étoiles et ses murs grands ouverts
Donnant sur le royaume de l'immense néant
Où l'espace et le temps se mêlent impunément

Si de telles merveilles sont cadeaux de la vie
Que le monde de ces dons ainsi nous gratifie
Il n'y a rien d'indécent ni même de surprenant
De voir ainsi mêlés des doigts si différents

Deux paires de mains amies finissant par s'aimer
L'amour donne à leurs doigts cette vitalité
Qui les fait follement se chercher et se perdre
En une belle communion, adopter son contraire

Au contact de l'autre s'enflammer et comprendre
Que l'amour rend possible d'encore toujours
apprendre
Qu'il est d'autres rivages et d'adorables berges
Elle avait des doigts longs, il les avait très larges.

## Promenade à Montmartre

D'un pas franc et hardi, il arpente la ville
Sans jamais ressentir la moindre défaillance
Peu importe la pente, jamais aucune souffrance
Dans le froid de l'hiver qui les lèvres mordille

Dans le four des étés de plus en plus torrides
Qui brûle jusqu'aux feuilles des arbres citadins
On le croise volontiers, un carnet à la main
Il écoute et observe, une face sans rides

On le dirait absent, les paupières mi-closes
Dans un visage si long qu'on dirait une lame
Il sait lire en chacun les caprices de l'âme
Et nous les raconter au sein de mille choses

Tout en déambulant, il sent l'éther du monde
Le  hume et s'en imprègne, animal aux aguets
Tous ses sens aiguisés par l'air de la cité
Bouillonnant créateur d'une intrigue vagabonde

Car cet homme, ce marcheur, est aussi écrivain
C'est de sa promenade qu'il tirera la matière
Pour créer quelques pages, de quoi nous satisfaire
Il a déjà en tête quelques jolis refrains

D'une belle chanson aux accents parisiens
Une histoire de la butte, de ses longs escaliers
De ses curieux dédales où se perdre est aisé
Une idée dans la tête, un instant il la tient !

Et alors qu'il la note avant qu'elle ne s'envole
Il heurte par mégarde un muret construit là
Pourtant hier encore, il n'y en avait pas
Par quel donc stratagème a-t-il jailli du sol ?

Et l'homme, l'écrivain, avant qu'il ne comprenne
Traverse en un éclair l'épaisseur du muret
Se retrouve aussitôt un tantinet défait
Et continue sa route en une même dégaine

Le temps pour lui d'encore enchaîner quelques pas
Il s'arrête, réfléchit, et se gratte le front
Il griffonne à la hâte une curieuse réflexion
Dont il ne sait encore ce qu'il en adviendra

Drôle de phrase, drôle de titre, sur une page sont notés

Ces trois mots, un article et un mot composé :

« Le Passe-Muraille »
Hommage en vers à Marcel Aymé, auteur du livre Le Passe-Muraille, qui a vécu à Paris dans le quartier de Montmartre.

## La chevelure des cieux

J'ai incliné la tête et je t'ai aperçue
Ton visage tout baigné d'un halo lumineux
Une flèche de soleil plantée dans tes cheveux
Les faisait flamboyants et d'une beauté crue

Un nuage étiré comme sortant du somme
Laissait dans son sillage filer quelques flammèches
Tellement ressemblantes qu'on aurait dit tes mèches

Le ciel se faisait femme pour le plaisir des hommes

Il me vint cette idée pour le moins insolite
Que de ces folles nuées qui les cieux habitaient
Les cheveux de nos femmes auraient un jour germé
Couvrant leur noble chef d'une coiffe inédite

Le ciel n'aurait pas pu choisir meilleur asile
Pour se faire des dieux sur terre le messager
Et qu'on puisse ici bas désormais retrouver
Du royaume des cieux ces élégantes filles

Chevelures de femmes, filles des grands espaces
Traits d'union séduisants entre ces univers
D'un ciel aux tons changeants et d'une planète terre
Tes jolies mèches rebelles à mes yeux trouvent
grâce

Lorsque je les regarde accrocher le soleil
Qu'elles envoient un clin d'œil aux cheveux des nuages
Tu es fille des cieux, de ton corps se dégagent
La douce rosée de l'aube et l'éclat du vermeil.

# Femme berbère

Belle reine berbère libérée de son joug
Regard bleu transparent sous un voile amical
Elle s'est aventurée loin du rire des chacals
Vers d'autres destinées, une médaille à son cou

Seul vestige d'une vie  qu'elle laisse derrière elle
Des parents, un village, aux portes du désert
Le souffle du vent chaud qui envoie des chimères
Songes éclats de tropiques qui posent leurs grandes ailes

Les toits plats des maisons écrasées de lumière
Croulent sous le poids du ciel qui n'est plus qu'un brasier
Un univers de feu dans lequel l'épervier
Monte vers les nuées pour fuir de son calvaire

Souviens-toi femme berbère de tes joies enfantines
De ce vieillard barbu qui se faisait si doux
Quand tes petites mains s'accrochaient à son cou
Que sa voix rocailleuse égrenait une comptine

Cette médaille que tu portes, que jamais tu ne quittes
Elle venait de sa mère et de plus loin encore
Il disait que sans elle son peuple serait mort
Que la vie ne se vit que faite de ses rites

Un jour il est parti et tu n'as pas compris
Une histoire de voyage au pays des ancêtres
Il ne t'avait rien dit et toi dedans ton être
De ce flot de silence, tu t'es sentie trahie

Tu t'es faite colère et lui en as voulu
Dans la fuite, ton salut t'en es allée chercher
Tu as franchi la mer, un jour a débarqué
Dans un pays nouveau, à peine bienvenue

De ton voile amical ne passait qu'un regard
Transparent comme le ciel, brûlant comme le sable
Qu'on ne doute pas ici de quoi serait capable
Une belle amazone, mi-berbère mi-barbare

Une fille du désert qui ne quitte jamais
Cette médaille, chant de vie des femmes de son clan
Qu'un beau jour, un vieillard frappé du poids des
ans
Avait mise à son cou comme pour la sanctifier.

**Un regard…**

Parfois du vert des feuilles
Pépites végétales
Transparence céleste
De rosée et d'embruns

Regard de pierres précieuses
Petites pierres gemmes
Saphirs prêts à éclore
Gisements d'émeraudes

Aussi verts que l'espoir
D'un regard sur demain
Bien au-delà du temps
Vers d'autres horizons

Gris aussi
Ciel voilé
Temps de pluie qui sourit
Strié d'un arc-en-ciel

Gris de fête
Sans tristesse
Qui embrase
Ton visage

Tantôt verts tantôt gris
Sont les yeux de Leni.

## Jolies collines

Pour gravir ces collines, point besoin d'un bâton
Ni même de godillots, la promenade est aisée
Il suffit pour cela de laisser folâtrer
Des doigts qui ne demandent qu'à explorer ces
monts
Ne cherchez pas l'endroit, il n'est sur nulle carte
Car il ne s'agit pas d'un lieu géographique
Encore moins d'un massif à la forme symbolique
Pour découvrir le site, il faut pratiquer l'art
De se laisser surprendre et pourquoi pas séduire
Par une jolie naïade à la gorge de feu
Qui offre sans vergogne ce spectacle merveilleux
D'un stupéfiant poitrail qu'il me plait à décrire

Bienvenu dans ce lieu à l'atmosphère magique
Où la vie pour un temps a suspendu sa course
Havre de volupté aux musiques si douces
Qu'elles emplissent les cieux de lueurs harmoniques
De longues stalactites d'une matière charmante
Tombent jusqu'à nos pieds en oisives traînées
Qui s'enroulent mollement nous faisant prisonniers
De cette belle contrée aux fragrances odorantes
On arrive jusqu'ici par un sentier d'amour
Qui nait dans la vallée, tapi sous les ramures
Et s'élance dans une pente écrasée par l'azur
D'un fol été si chaud que les pas se font lourds
Et que la randonnée au début sympathique

En devient plus ardue, le sommet est en vue
La pointe des collines se dresse un peu charnue
Charmante pyramide aux accents érotiques

Et les doigts de l'amant, avides de conquête
Au détour du sentier, réclament leur plaisir
Légèrement s'éternisent sans trop s'appesantir
Sur les douces aréoles de ces buttes parfaites
Au pays de l'amour, en ces douces contrées
Où le soleil sans cesse allume mille feux
Que les mains de l'amant éteignent peu à peu
Jusqu'à ce que la nuit ait fini de briller

Et sur le doux satin
De la peau au matin
Ses doigts cherchent encore
Quelques poussières d'or.

## Ton ventre

Si la peau de ton ventre m'était une planète
Je la ferais soleil tant elle est chaude et douce
Si la peau de ton ventre savait me recueillir
Elle serait une main aux doigts vers moi tendus
Si la peau de ton ventre m'offrait une musique
Elle serait symphonie aux doux parfums de harpe
Si la peau de ton ventre cachait un paysage
Elle serait une vallée parcourue de torrents
Si la peau de ton ventre devenait une étoffe
Elle serait de la soie d'une exquise finesse
Si la peau de ton ventre m'invitait au festin
Les mets y seraient tous d'une qualité rare

La douce peau de ton ventre, j'aime à la contempler
Prendre paisiblement le temps de l'admirer
Quand j'y pose ma main, légèrement la caresse
Elle est un univers habité de tendresse
Elle est une maison où s'invite le bonheur
Un paysage d'été parcouru de couleurs
Quand j'y pose mes doigts et les laisse courir
J'y devine des rivières, des fleuves de désir
Un léger grain de vie à la chaleur subtile
Parmi tes étamines se dresse un doux pistil
Tu deviens une fleur ouverte à mon épée
Et je me fais insecte pour te butiner

Ton ventre est un présent
L'autel de ma passion

Je veux encore le temps
De le prendre à foison.

## L'amie de verre

Maison de verre diaphane aux vertus bienveillantes
Accueille ici les âmes en ton antre charmant
Veille tantôt sur elles, grâce à toi elles se sentent
Bien cachées à l'abri des assauts malfaisants

De la vie du dehors, nue, sauvage et hostile
En été, du feu lourd et sournois de midi
En hiver, du froid vif et bleu qui étourdit
Hôte ici bien traité, où tout devient facile

Coussins doux, draps moelleux, au charme désuet
A sonné l'heure bénie, moment tant attendu
On vient dormir ici, l'âme se met à nu
La véranda respire et inspire la paix

Et lorsque l'orage gronde et que frappe la grêle
Que sur son toit la pluie entonne l'angélus
On redevient enfant, on n'est plus que fœtus
Bien serré dans son ventre et blotti sous son aile

Le gîte y est douillet et l'air y est fruité
Senteurs de volupté et parfums de douceur
Couché sur un sofa à épancher son cœur
L'invité est ici gentiment confiné

Au-dessus de sa tête, à travers le miroir
Il peut à volonté contempler les nuées
Lui faisant une cape de brume et de rosée
Qui ne se dissipera qu'à l'arrivée du soir

Souvenirs émouvants de ces instants bénis
Quand la main d'une fée aimante et généreuse
Se posait sur sa nuque, l'heure devenait heureuse
Propice aux confidences et aux joies de l'esprit

Il en sortait alors le corps tout étourdi
De ces ébats joyeux, perdu entre les murs
Du fond du nid douillet, au milieu des murmures
Lorsque la véranda devenait son amie.

## Pasteur et les sceptiques

Il n'eut jamais de cesse de traquer l'invisible
Cerner le plus petit, débusquer la bestiole
L'exécrable microbe, l'hôte immonde et nuisible
Pasteur, le grand savant qui vit le jour à Dole

Consacra toute sa vie à trouver le remède
À sauver de la mort, des griffes de la rage
Des milliers de Français à qui sa précieuse aide
Aura su épargner du trépas les outrages

Une fois identifiée la fichue bactérie
Louis poursuivit sa tâche pour mieux l'inoculer
En faire un élixir pour sauver moult vies
Un vaccin efficace pour chasser le danger

Pour mieux éradiquer le fléau de la rage
Il fut antirabique, quelle drôle d'appellation
Puis il y en eut bien d'autres, contre d'autres ravages
Tous anti-quelque chose, tuant virus et prions

Et depuis Louis Pasteur, rien n'a vraiment changé
Les pandémies se suivent, se mêlent et
s'entremêlent
Dès qu'un virus s'en va, un autre est déjà né
À qui il faut très vite rogner le bout des ailes

Ça fera deux cents ans que Louis Pasteur naquit
À Dole, dans le Jura, tout au bord du canal
Souhaitons que nous puissions hors les serres du
Covid
Glorifier dignement ce bienfaiteur mondial

Pasteur ne pouvait pas se douter un instant
Qu'en créant le vaccin il ferait du même coup
Naître un autre fléau qui traverse le temps
Une nouvelle famille d'un germe prêt à tout

 Les vaccino-sceptiques font maintenant sécession
Écornant la mémoire de l'illustre chercheur
Et pour mieux  se défaire de tous ces trublions
Éternels résistants et méchants tapageurs

Il faudrait inventer un nouveau traitement
Qui vient à bout du doute et dissout la méfiance
Un vaccin qui encore fera grincer les dents
De ceux qui justement devraient en faire pitance.

## Quart d'heure de folie

Quelle mouche l'a donc piquée pour qu'ainsi elle
s'agite
Tout à coup, sans raison, elle se met à vibrer
Lance des coups de patte, gesticule et s'excite
Un ciel serein d'azur par la foudre touché

Son corps se tord et lance de furtifs coups de griffe
Tel un poisson sur l'herbe, avide d'eau, qui frétille
Elle était douce et lisse, elle devient un canif
Dont la lame affutée s'obstine avec furie

À trancher dans la chair et y laisser sa trace
Son regard devient fixe, métallique et perçant
Elle poursuit sa mue, adopte une nouvelle race
Le gentil petit chat devient prince persan

Elle s'empresse soudain de couvrir de baisers
Celui qui jusque-là la voyait innocente
Elle le serre dans ses bras, risquant de l'étouffer
Son étreinte est violente et sa furie pressante

Elle déchaine ses caresses, mitrailles de douceur
Sa bouche inépuisable ne saura se calmer
Que lorsqu'elle aura pris tout son lot de bonheur
Le laissant épuisé, crucifié, terrassé

Telle une chatte aimante, par petits coups de langue
Elle s'acharne soudain à le débarbouiller

Il n'en peut plus, frémit, chavire, vacille et tangue
À la fin il proteste, lui dit c'en est assez

Et aussi soudainement qu'elle s'était agitée
La belle redevient posée, calme et paisible
Sa crise de dérangement n'aura à peine duré
Que quinze petites minutes, ça n'est pas si horrible

Mais il veut bien céder à ce charmant penchant
Qu'elle a à le secouer ainsi de temps en temps
Et lui en toute patience, par amour de la vie
Succombe volontiers au quart d'heure de folie.

## Boule d'amour

Petite boule d'amour en plein cœur de la vie
Tu t'es parée de bleu, avec le ciel te fonds
Ton écorce sensuelle par la passion saisie
Te rend encore plus belle quelle que soit la saison

Tu scintilles, éblouis, joli phare dans la nuit
Guidant les pas de ceux perdus dans la tourmente
Qui n'auraient jamais pu arriver dans ton nid
Si tu n'étais pas là, étourdissante amante

Sans te soucier des heures, tu traverses le temps
Partageant ton éclat avec qui sait le vivre
Petite boule d'amour, tu t'offres et tu attends
Qu'on lise à ton chevet les plus belles pages du livre

Celui qu'on met une vie à le bien parcourir
Du début à la fin, feuilleter lentement
Mieux en goûter les mots, les saveurs en saisir
Inhaler ses éthers, humer l'instant présent

L'histoire est pleine de charmes, de doux
rebondissements
L'intrigue en est troublante, il me tarde la suite
Légers balbutiements ou gentils feulements
Le temps presse, ô savoir ne pas aller trop vite

Belle perle de bonté aux parfums de demain
Le bleu te va si bien et te fait chaude et belle

Mes doigts courent sur ta peau et caressent ton sein
Petite boule d'amour que je veux éternelle.

## Les 80 Nippons

Ils étaient quatre-vingts mais ils ne faisaient qu'un
Quels que soient le motif, la cause ou l'occasion
Unis, inséparables, comme les doigts de la main
Ils suivaient le premier dans la même direction

S'il allait à la messe, ils occupaient l'église
S'il allait à confesse, ils en faisaient autant
S'il lui prenait l'envie de commettre une bêtise
Sans même se concerter, tous devenaient enfants

Un beau jour, le premier, piqué par Cupidon
Tomba raide amoureux d'une belle étrangère
Les choses se compliquèrent, car le groupe de
Nippons
Voulut comme leur premier lui faire son affaire

Mais la belle étrangère, malgré sa bonne humeur
N'était pas disposée à s'offrir à eux tous
Elle n'en aimait qu'un seul et lui donnait son cœur
Les autres, elle ne voulait pas se les taper tous

Le chef eut bien du mal de cela les convaincre
Il dut chacun d'entre eux longuement rencontrer
Commenter, expliquer, qu'il était inhumain
De forcer sa chérie à tous les accepter

Mais point ils ne comprirent et firent résistance
Ils étaient quatre-vingts mais ils ne faisaient qu'un

Quel mal y avait-il donc à faire bonne pitance
De l'amie de leur chef, encerclant son vagin

À vouloir la cerner, la prendre et l'occuper
Qu'il soit seul, qu'ils soient tous, l'heure était aux
Nippons
La démarche était belle, sans nulle obscénité
Lorsque tous auraient pris place au sein de son con

Elle ne sentirait rien, ni de plus, ni de moins
Que si son bel aimé l'avait prise tout seul
Puisque tous ces Nippons qui étaient quatre-vingts
Ne lui rendraient hommage que comme un homme
seul.

## Anneau de fils

Petit brin d'arc-en-ciel entourant son poignet
Nimbé de fines gouttelettes d'une pluie printanière
Tu caresses sa peau, lien d'amour et de paix
Trait d'union de nos âmes qui ne savent se défaire

Tu es multicolore, mosaïque de mille feux
Qui brûlent et qui naviguent du cœur de l'un à
l'autre
De son sein vers le ciel pour inviter les dieux
À bénir notre union, que cet amour soit nôtre

Jour et nuit tu seras le compagnon fidèle
De celle dont le poignet tu ornes joliment
Point de trève ni de grève, tes sarments de ficelle
N'auront jamais de cesse de veiller calmement

Sur l'esprit de ma reine, chaque heure, chaque
minute
Tu te serres sur sa peau, l'épouses et la cajoles
Lui fais une couronne aux doux accents de luth
Les notes vibrent en elle si légères et si folles

Feu de mille couleurs sur le brun de sa peau
Tu danses et tu frémis jusqu'à la déraison
Tu enroules tes torsades faites de ciel et d'eau
Serpent inoffensif aux courbes de passion

Pont de fil qui unit nos cœurs en un seul chant
Tu t'obstines à franchir le cap du temps qui vient
Jusqu'à mon dernier souffle, le poignet éclatant
De ma reine adorée portera ce doux lien

Alliance de fils tressés ajustée à sa peau
Anneau fait de passion aux espoirs de demain.

## Sourire et cul nu

Petite boule d'amour et de vivacité
Au visage gracieux et aux joues rebondies
Tu ne savais que rire, la  gaité incarnée
Ni pleurs ni grognements, rarement quelques cris

Tu ne marchais jamais, ne faisais que courir
De préférence pieds nus, au diable les chaussures
Et par quel sortilège, on peut maintenant en rire
La fillette adoptait les lois de la nature

Se retrouvant cul nu, sans s'encombrer nullement
De la moindre culotte qui lui cache les fesses
Petites joues rebondies et jolis ornements
Que ce doux postérieur de la belle sauvagesse

Bien des années plus tard, la petite s'est faite femme
Elle a gardé ce don d'être charmante toujours
Son visage s'éclaire de cette large flamme
Que trop hâtivement, pour aller au plus court

On appelle sourire mais qui est plus que ça
Un cadeau de la vie, une offrande des dieux
Le souffle de son âme, son crédo et sa loi
La petite fille survit dans ces traits malicieux

Et continue de rire, de courir, gai bambin
Le sourire en travers d'un visage rebondi
Elle vient jusqu'à moi, me tend ses petites mains
Me tire jusqu'à elle en un élan de vie

Ses petites anglaises, longues, fines et jolies
Me rappelle cette femme que je vois à présent
Le visage est plus fin, un peu moins rebondi
Mais lui est toujours là, charmant et désarmant

Compagnon de sa vie, fidèle au rendez-vous
Il ne la quittera pas, c'est ainsi, c'est écrit
Il est une pépite, un joyau, un bijou
Et je puis vous l'avouer, je suis dingue de lui

SON SOURIRE...

## Indomptable Lisa

Elle n'était qu'une femme sans vice et sans malice
Comme toutes les femmes, aimante, attentionnée
N'ayant pour tout bagage que l'amour de ses fils
Pour lesquels elle aurait tout donné sans compter

Généreuse, charitable, bien plus que de raison
Elle n'avait dans la vie que l'amour du prochain
Mais un jour, un balourd, appelons-le même Gros
C...
N'eut pour elle nul égard et ce qu'il en advint

Qu'elle le prit en grippe et s'en débarrassa
Jurant par tous les dieux qu'on ne l'y prendrait plus
Que jamais, plus jamais, elle n'irait dans les draps
D'un homme même gentil, qu'elle en avait trop vu

De ces vilains bavards qui sont tout en discours
Qui vous font des courbettes, vous promettent la
lune
Et même le mariage, ne sont jamais à cours
De basses flatteries et font votre infortune

Et c'est de ce jour-là, que la brave Lisa
Bien que toujours serviable, refusa de céder
Aux mâles tapageurs, elle imposa sa loi
Elle se fit sauvagesse, ne voulant plus donner

Son cœur et ses émois que par petites pincées
Mais plus de grands banquets, plus de ces longs
festins
Où l'on sort de la table rompu par la nausée
Elle se fit indomptable et parvint à ses fins

Et bien mal lui en prit à celui qui un jour
Ne sut pas se plier à la loi de Lisa
Il en fut bien marri et n'eut d'autre recours
Que de sortir pantois hors des griffes de Lisa.

## Sa fossette

Il est un doux sillon qui court sur son menton
Qui le fend gentiment sans vraiment le marquer
Un bien joli mystère, du genre de ceux que font
Les dieux de la nature aux talents si troussés

Et lorsque qu'elle sourit, il se creuse davantage
Se montre plus présent pour qui sait le saisir
Pour peu qu'on prenne le temps de suivre son
sillage
Et par son doux appel de se laisser séduire

Cette petite marque qu'on dirait de fabrique
Lui fait un bel écrin qui habille son menton
Il en est de très longs presque en forme de trique
D'autres beaucoup plus plats qui ressemblent à un
front

Elle a un menton fin qui serait très commun
S'il n'était habité par cette jolie fossette
Qui lui donne à mes yeux un intérêt certain
Lorsqu'elle parle, qu'elle sourit, son menton fait la
fête

Sa bouche me dessine de jolis mots d'amour
Alors que sa fossette m'envoie de doux regards
Il n'est pas un instant, un moment ni un jour
Où je ne veuille encore de son corps recevoir

Ces douces invitations à aimer son menton
À suivre ses voyages et ses belles envolées
Quand sa fossette se creuse et redevient sillon
Quand elle se fait timide en un accent léger.

## Avec ou sans pompiers

Du haut de ses quatre ans, il s'est déjà construit
Un petit monde à lui, univers de robots
De motos, de camions, peu compte le gabarit
L'essentiel pour notre homme, que ses amis soient
beaux

Équipés de sirènes, de feux multicolores
De tout ce qui clignote et brille dans la nuit
Les pimpons, les glings glings, il en demande encore
Les gyrophares hurlants, peu importe le bruit

Il s'en va en voyage, fantasmes en bandoulière
Créatures habillées de moteurs et de tôle
Accessoires de tout crin en envolées guerrières
Dans ce spectacle épique, il tient le premier rôle

Chef d'orchestre qui dirige un épais tintamarre
Il règne sur l'espace, le silence et l'instant
À son âge, tous ne rêvent que de tenir la barre
D'une horde bruyante de camions rutilants

Derrière son regard bleu, sous sa tignasse blonde
Il en verra bien d'autres et peut-être qu'il sera
Médecin ou plombier, découvreur d'autres mondes
Et qu'à tous ces joujoux plus il ne pensera

Ainsi sont les petits garçons du monde entier
Ils veulent être pompiers, policiers, cosmonautes

Et quand vient le moment de fonder un foyer
La symphonie ne souffre plus aucune fausse note

On choisit un métier pour nourrir sa famille
Adieu les gyrophares, les sirènes, les pimpons
Le camion n'est plus rouge même si le capot brille
Peut-être que Luka écrira des chansons

Ou bien des poésies, comme le fait son grand-père
Derrière son regard bleu, sous sa tignasse blonde
Nul doute qu'il trouvera ce qu'il aimera faire
Avec ou sans camions, pour faire aller le monde.

## Boule d'amour dans son duvet

Sur la pointe des pieds le jour touche à sa fin
Adieu les vêtements portés toute la journée
En une lente majesté, il apparaît enfin
Détendu, désinvolte, tout de rouge moiré

La trame un peu usée après bien des années
Fidèle compagnon des fins de jours trop longs
Quand la fatigue arrive, qu'elle se sent plus âgée
Elle s'y love douillettement, pleine de son affection

La belle trouve refuge, chaudement protégée
Dans le mignon fouillis  du duvet de la veste
Les joues dans la capuche, on ne voit que son nez
Timidement pointer, on imagine le reste

Une boule d'amour doublée de duvet rouge
Ils sont tous deux charmants, invitent à la paresse
Quand l'esprit s'assoupit, qu'autour plus rien ne
bouge
Que la nuit s'alourdit, folle de vent et d'ivresse

Si un jour, quand bien vieux je serai devenu
On me demande soudain ce que valait la vie
Je dirai sans détour qu'une fois la nuit venue
Elle valait ce trésor dans son tricot enfoui.

## Mèches...

Elles sont comme une offrande
Le long de son visage
Rivières nées de la lande
Coulant vers le rivage

Jolies filles de l'air
Volant au gré du vent
Indociles et légères
Un spectacle charmant

Celui de ses longues mèches
Flottant près de sa nuque
De Cupidon les flèches
Elles sont la réplique

Elles me vont droit au cœur
M'emportent et me pénètrent
Ne me sont que douceur
Au plus fort de mon être

Et même si elle les range
En un charmant chignon
Elle reste toujours cet ange
Au minois si fripon

Qu'il me fait frissonner
Et m'invite à l'extase
Aux caresses, aux baisers
Faisant fondre la glace

Longues mèches indociles
Ou chignon mieux rangé
Ses cheveux sont la toile
De ma belle araignée

Dans laquelle il me plait
D'aller me faire piéger
Faisant de moi c'est vrai
Son heureux prisonnier.

## Douces rondeurs

Elle porte sans vergogne
Quelques jolies rondeurs
Rien qui la mette en rogne
Elle en parle sans pudeur

Elles sont le témoignage
Que le corps d'une femme
Malgré le poids de l'âge
Garde en lui cette flamme

Cette belle étincelle
Qui la rend désirable
Qui la garde toujours belle
Et encore plus aimable

Courbes douces et légères
Je les sens sous sa robe
Il flotte alors dans l'air
Un doux parfum d'euphorbe

Ces formes lui vont si bien
Ne font que l'embellir
Lorsque j'y pose ma main
Je me sens défaillir

Merci au dieu du temps
Qui l'a faite maîtresse femme
Point d'outrage des ans
Ni reproche ni blâme

Pouvoir encore des heures
Davantage les goûter
Ces douceurs, ces rondeurs
Qui lui donnent sa beauté.

## La haine

J'éprouvais envers elle une indicible haine
Elle hantait mon sommeil, occupait mes journées
Son image en mon cœur faisait naître une peine
Qui enflait à vue d'œil, m'était vile denrée

Son parfum me suivait jour et nuit sans répit
Sa peau était en moi, enveloppe asphyxiante
Encombrant mes poumons qui en étaient réduits
À de pauvres vessies, je n'étais plus qu'une plante

De l'état végétal, je devais me suffire
Capturer la substance m'aidant à respirer
Plus de grandes bouffées, tout juste quelques soupirs
Je devins un fantôme, une ombre à peine ridée

Un ami consulté arrive à mon chevet
Me pose quelques questions, me prend à peine le pouls
Et son visage s'éclaire, ses traits se font légers
Ses paroles me touchent, me libèrent tout à coup

*Ce tourment permanent qui te hante et t'épuise*
*N'est en rien de la haine, tu l'as bien mal nommé*
*Amour lui va bien mieux, uses-en à ta guise*
*De tous tes embarras tu seras délivré*

*Qui donc t'a enseigné à ainsi t'égarer*
*Et à sottement confondre l'amour et son contraire*

*De ces sentiments-là, il faut savoir user*
*La haine tue l'amour et le rend éphémère*

*L'amour est immortel quand il n'est que bonté.*

## La grosse et le boiteux

Un vieux monsieur et une jeune fille
Lui a les hanches un peu tordues
Jolie frimousse épanouie
Il dandine tordant le cul
Découvert dans un caniveau
Déposé là par des méchants
Il était si mignon, si beau
De l'adoption, il fut client
Elle accourt au son des croquettes
Ventre à terre mais très souplement
Un gros corps et une petite tête
Elle paraît d'un autre temps
Le plus âgé est le plus frêle
Museau pointu et visage fin
La plus jeune, large demoiselle
Semble tonneau plus que félin
Mais tous deux ont un point commun
Une semblable qualité
Lorsque c'est l'heure du festin
Point n'est besoin de les sonner
Le moindre bruit de victuailles
Croquettes, pâté, quelle que soit l'heure
Les transforme en vile racaille
De leurs gamelles ils sont seigneurs
Une fois le repas terminé
Et les estomacs bien remplis

Ils jouent leur rôle préféré
Dormir des jours et même des nuits

Sans même bouger d'un millimètre
Dure vie que celle d'un chat
De leurs journées, ils sont les maîtres
Il n'est rien de mieux ici-bas
Que de roupiller sans vergogne
Sans souci de maudits ratons
Sans être esclave de nulle besogne
Se moquant du qu'en dira-t-on
La grosse fille et le boiteux
Invités de marque permanents
Dans la maison sont tous les deux
Pour la maîtresse comme ses enfants.

## Le feu et l'eau

L'étreinte fut torride
L'amour au rendez-vous
En une pose languide
Après ce moment fou

La belle presqu'endormie
Sur sa couche étendue
Repensait à cette nuit
Ce doux tohu-bohu

Sur son front nulle ride
Et le feu de ses joues
La faisait Néréide
Sans pudeur ni tabou

Ce léger incendie
Empourprant son minois
Disait toute la furie
Dont elle était la proie

Et pour mieux l'apaiser
Ses yeux devenaient lacs
Dont l'eau irait couler
Pour humecter ses joues

Pour éteindre ce feu
Mémoire de son étreinte

Qu'il s'en aille peu à peu
Laissant une pâle empreinte

Le regard de la belle
Devenu clair lagon
Garderait malgré elle
Des éclats de passion

Mais trêve de toutes ces rimes, il est temps de
conclure

Le visage de la dame, d'une exquise beauté
Se livre volontiers et accueille en ce lieu
Le mariage insolite et d'un charme avéré
Du feu d'un bel amour et de l'eau de ses yeux.

## Ton calice

J'ai connu le bonheur et su un bel émoi
Quand sous un ciel de feu tu t'es donnée à moi
M'enveloppant légèrement de ton corps parfumé
Plein des douces fragrances de cette belle nuit d'été

Nos corps se rejoignirent sans qu'on y prenne garde
Et nos peaux se touchèrent, unissant leur chaleur
Le jour ne laissait plus qu'une clarté blafarde
Nous faisant un linceul d'une douce moiteur

Tu allais et venais, ton ombre déchirait
L'espace de la chambre, le silence de la nuit
Tu te coulais sur moi, lentement te serrais
Offrant à mon désir le plus beau de tes fruits

Le jour luttait à peine, ne laissant transpirer
Que quelques bribes de lui, de très brèves
flammèches
Qui venaient se poser, osant te déranger
À la base de ta nuque, allumant quelques mèches

De tes cheveux nimbés d'une belle rosée
De celle qui voile le corps après une folle étreinte
Aux douces saveurs de sel par l'amour épicées
Sur laquelle nos caresses ont laissé leur empreinte

Et avant que la nuit n'ait jeté son manteau
Sur la chute du jour pour qu'il termine enfin

J'ai pu furtivement voir un peu de la peau
De ce petit delta où ton ventre prend fin

Où se jettent tous les fleuves de ta féminité
Et qui m'est un calice dans lequel j'aime à boire
Goûter ce doux nectar plein de ta volupté
Quand je m'y abandonne et ma flamme te déclare.

## De Caulaincourt au Sacré-Cœur

De Caulaincourt au Sacré-Cœur
Monte la rue vers les hauteurs
Au-dessus de la capitale
Très loin du tumulte infernal
Des avenues, des longues artères
Là où la grisaille des pierres
Se dissout dans le bleu du ciel
Où quelques oiseaux jouent des ailes

Mon estomac soudainement
Provoque en moi un bref tourment
Déjà la faim en plein matin
Pourtant j'avais bien fait le plein
De calories et d'énergie
Pour survivre jusqu'à midi
Mes tripes se nouent et m'abandonnent
C'est un vertige qui m'empoisonne

Une bien étrange pulsion
Mélange de spasmes et de frissons
M'envahit des pieds à la tête
Me pousse à vite me mettre en quête
De quoi manger, me restaurer
Pour évacuer ces sales nausées
Qui me secouent et m'indisposent
Rue Caulaincourt, je fais une pause

Devant moi, elle m'offre sa porte
M'invitant, l'envie est trop forte
À y entrer, une pâtisserie
Je m'autorise, tout est permis
À contempler toutes ses douceurs
Dont je ferais bien mon quatre heures
Et là, rangés comme un seul homme
De magnifiques chaussons aux pommes

L'un d'entre eux, sûr le plus hardi
Présente son ventre joliment cuit
Strié de fines aspérités
Luisant de sucre bien doré
Il ose vers moi juste un regard
Sans se douter du traquenard
Que je lui tends, la faim au ventre
De mon monde, il devient le centre

C'est celui-là qu'il me faut vite
Dis-je tout de go à la petite
À la gentille commerçante
Qui me le vend séance tenante
Rue Caulaincourt, un nouvel homme
À la main mon chausson aux pommes
J'y plante mes crocs, je le dévore
Il vaut pour moi des monceaux d'or


Ma faim s'envole et s'évapore
Tantôt j'ai failli voir la mort

Rue Caulaincourt grâce au chausson
Je file vers d'autres horizons.

## Une passante

Elle avance grondante, telle une chenille sans fin
Hurlements de moteurs, explosions de klaxons
Pétarades, claquements et crissements de freins
La parade motarde s'invite avec l'automne
Elle envahit la rue et s'engage sur la place
Un cordon rugissant de machines brillantes
Sur lesquelles sont juchés des êtres privés de face
Qui ne sont que des casques aux allures clinquantes
Le tapage est immense et heurte le soleil
D'un doux dimanche dolois qui n'était que langueur
Je n'éprouve nul émoi, je crains pour mes oreilles
Je n'ai jamais prisé les engins à moteur
Le spectacle des motos ne me tire aucune joie
Ni frisson ni pincement, mon corps n'y comprend rien
Au passage de ces monstres et de ce grand fracas
Rien que les beuglements infernaux des engins

Pourtant la foule en liesse a tout l'air d'apprécier
Au passage du cortège, sifflets, applaudissements
Les enfants se réjouissent, les yeux écarquillés
Perchés tout près du ciel, portés par leurs parents
Serais-je donc impie à rester ainsi coi
Cerné par un public qui ne cesse de clamer
Sa ferveur, son bonheur, son plaisir et sa joie


Alors que moi, rebelle, je reste sidéré
Mais alors, Ô miracle, une vision charmante

Quelques mèches de cheveux s'échappant sur la
nuque
D'une belle amazone, évocation galante
De l'objet de mon cœur, une secousse brusque
Me touche en pleine poitrine, enfin une émotion
Je reviens à la vie, mon cerveau se réveille
Alors que devant moi passe la procession
Mon cœur pour une motarde s'inonde de soleil

Il a suffi d'une nuque, de quelques jolies mèches
Pour que juste une seconde, l'espace d'un instant
La parade me plaise, Cupidon de sa flèche
A percé ma cuirasse et m'a fait ce présent
De cette vision de rêve, d'une mèche de cheveux
S'échappant furtivement sur la nuque d'une
passante
Cavalière amazone d'un étalon nerveux
Hennissant et hurlant, happé par la tourmente.

## Lueurs nocturnes

Dans un parfum d'amour, la lumière de la rue
Joue avec le dessin du contour des fenêtres
S'étend en longues stries d'une audace presque crue
Sur les murs de la chambre, rendez-vous de deux
êtres

Qui luttent et s'entremêlent en un joli ballet
Danse nuptiale abritée par le voile de la nuit
Ils se rendent coup pour coup, se refusent au forfait
Ni perdant ni gagnant, aucun d'eux ne fléchit

L'espace est transpercé des flèches de la rue
Issues des réverbères, passagers immobiles
D'un voyage nocturne vers un but inconnu
Leur lumière noie les rives de cet îlot tranquille

Parfois, en un éclair, lorsqu'une voiture passe
Inondant de ses phares l'ouverture de la pièce
Les flèches disparaissent, discrètement trépassent
Pour renaître aussitôt en un élan d'ivresse

La chambre n'est plus qu'un flot de vagues
lumineuses
Dans lequel se confondent les chairs des deux
amants
De lentes ondulations rendent l'union plus heureuse
Des corps et des lueurs, on ne sait plus vraiment

Qui éclaire le plus ce charmant paysage
De l'amour en une nuit qui ne l'est pas encore
Des clartés lumineuses qui forcent le passage
Se posant sans un bruit sur la chute des corps

L'ombre se veut magique, étendant son manteau
La lumière se fait belle, y posant ses empreintes
Le temps s'est écoulé, le jour arrive bientôt
Les amants épuisés relâchent leur étreinte

Il ne restera rien de ces visions troublantes
Que le doux souvenir d'une nuit éclairée
Un frisson permanent aux vertus apaisantes
De vouloir vivre encore ces lueurs égarées.

## La dame de mes nuits

C'est l'heure où elle se montre, je sais qu'elle va venir
Toujours très ponctuelle, fidèle au rendez-vous
D'une beauté diaphane, légère comme un soupir
La lumière décline, jour entre chien et loup

Elle s'approche et je sens sur moi très doucement
Son regard, son sourire, plein d'une étrange clarté
Bienveillante et aimante, de l'éclat du diamant
Elle a l'énigmatique et secrète beauté

La noirceur de la nuit se pose enfin, vorace
Engloutit ce qui reste encore du peu de jour
Ne laissant haleter qu'une très faible trace
Un cerne de lueur aux très maigres contours

C'est là qu'elle apparaît dans ce faible halo
Habitante nocturne de ce rai de lumière
Ses longues mèches folles s'entremêlent en anneaux
Coulant sur sa poitrine qu'elle a superbe et fière

Je n'ose la déranger tant ce spectacle m'enchante
Sa gracieuse silhouette joue avec la lumière
Qui l'a fait s'élever, créature intrigante
Dont les formes se dérobent, la rendant plus légère

Et lorsque la clarté reprend droit de cité
Que le soleil inonde de sa blancheur la chambre

Elle s'éteint peu à peu, quitte avec dignité
Son royaume de la nuit, encore un peu se cambre

Il me faudra encore attendre que le soir
Finisse la journée, ma patience fatiguée
Pour qu'elle revienne à moi, il est déjà si tard
Et me donne son corps qui m'est une bonté

L'inconnue de ma chambre, la dame de mes nuits
Créature spectrale, invitée éphémère
Je risque à peine un geste de peur qu'elle ne s'enfuie
Fille de la lumière et voyageuse de l'air.

## Mes tours jumelles – Eleven Nine

Il suffit d'un instant, d'un moment de folie
Un certain onze septembre, la vie était paisible
New York était radieuse et regorgeait de vie
Rien ne laissait prévoir l'imminence de l'horrible

Lorsque deux bombes volantes la frappèrent en plein cœur
Touchant ses deux enfants, reines du World Trade Center
Ces immenses gratte-ciel d'une infinie hauteur
Appelées tours jumelles, de béton et de verre

Elles ne furent plus que feu, douleur, désolation
Champ de ruines emmurant d'innombrables victimes
L'Apocalypse avait lâché toutes ses légions
De barbares sanguinaires avides de tous crimes

Le monde se figea, paralysé d'effroi
Devant un tel spectacle qu'on eût cru inédit
L'humain est amnésique, peut-être a-t-il le droit
Pour continuer de vivre, d'oublier que jadis

La  barbarie déjà avait fait des victimes
Un autre onze septembre, cinquante sept ans plus tôt
Mes tours jumelles à moi plongeaient dans un abîme
Le monde sous les Nazis, de Satan les suppôts

Avait connu l'enfer, en avait vu les flammes
Elle s'appelait Georgette, il se prénommait Georges
Il était son mari et elle était sa femme
Abattus comme des chiens, du bétail qu'on égorge

C'était un onze septembre, la guerre se terminait
Victimes expiatoires d'un péché non commis
On retrouva leur corps au milieu d'une forêt
Le lierre et le feuillage leur avaient fait un lit

Une couche de douleur dont ils ne revinrent pas
Ces deux morts de septembre sous leur pâle
firmament
Chuchotent à nos oreilles, nous exhortent de ne pas
Oublier ce qui fut, le temps répète le temps

C'était un onze septembre, et dans un grand fracas
Me quittèrent sans un mot ces deux âmes perdues
Mes grands-parents partirent, n'ayant jamais la joie
De me connaitre un jour, de sourire à ma vue.

## Nuit d'ivresse

La forme de ton corps dessine une douce colline
Sur la couette du lit, géographie intime
Souvenirs de caresses et de bontés câlines
Avant que le sommeil à son joug ne t'arrime

Tu ne bouges qu'à peine et ne respires point
Seuls tes cheveux ondoient et glissent sur tes
épaules
Je voudrais que cette heure dure jusqu'au matin
Qu'elle suspende le temps, minutes longues et
molles

Je suis déjà levé, spectateur ébloui
De ce doux paysage dans lequel flotte un ange
Beau cadeau de la vie, doux présent de la nuit
Je saisis cette image, voudrais que rien ne change

La lumière est bleutée, aux accents féériques
Sur le mur, une trace de lumière s'invite
Petit triangle rouge, hôte aux accents magiques
Qui te fait une couronne, tu deviens Amphitrite

Naïade de la nuit, océan de douceur
Sur lequel a soufflé le vent de ton amour
Faisant lever des vagues d'une incroyable ardeur
Au matin, je naufrage sur les rives du jour

Survivant bien vivant de cette folle épopée
Je te retrouve lovée dans le sein de ma couche

J'ai encore tant à faire, à davantage t'aimer
Parcourir tes attraits, les goûter à pleine bouche

La forme de ton corps raconte une belle histoire
Que la nuit a écrite à l'encre de ta peau
Tu es déjà partie car il se faisait tard
Mon lit reste bouleversé, ivre de tes assauts.

## Végétale

Elle est un très bel arbre aux branches fines et
souples
Se tenant toujours droit quelle que soit la saison
Il supporte le vent et n'exprime aucun trouble
Quand tous ses congénères plissent et courbent le
front

Sa silhouette est gracieuse telle celle d'une femme
Parée de jolies feuilles qui lui font un habit
Le soleil dans sa robe y allume des flammes
Qui lui vont bien au teint, un charmant incendie

Dieu sait qu'elle en a vu et connu des tempêtes
Des cyclones, des orages, des averses de tout crin
Et malgré tous ces grains, elle a su tenir tête
Contre vents et marées, vivre jusqu'à demain

Sa parure ondoyante au soleil de la vie
Faire que chaque instant soit un moment de fête
Au diable les tracas, les soucis, les ennuis
Son feuillage brillant tourné vers d'autres quêtes

Son tronc a bien connu les accrocs de la vie
Ses racines ont tremblé, elle s'est sentie mourir
Mais l'élan d'avancer dans sa sève est inscrit
On l'a trop cru fanée,  elle a su reverdir

Quelques rameaux brisés, une écorce marquée
Le tronc est toujours droit et les branches graciles

Il en faut plus que ça pour à terre la jeter
Le vent et le soleil, des feuilles la chlorophylle

Sont le sel de sa vie
Ses plus précieux amis.

## Ta peau

Le soyeux de ta peau à nul autre pareil
Douce et chaude, accueillante, aux drapés si légers
Elle appelle aux caresses, mets mes sens en éveil
Qu'il me soit donc permis d'ici m'y inviter

De prendre enfin le temps de doucement folâtrer
De ne plus me soucier du pourquoi, du comment
Revivre en cet instant la joie du nouveau-né
Qui respire la peau de sa jeune maman

Son parfum, sa texture, son grain et sa douceur
Sont pour moi sans nul doute les plus beaux des
attraits
Je retiens la minute et fait tarder cette heure
Qu'elle dure si longtemps qu'un siècle elle me paraît

Mon cœur s'y abandonne et mon âme s'y échoue
Le plus beau des supplices, le naufrage idéal
Celui où tout marin rêve d'enfoncer sa proue
Dans un vent de plaisir et une houle animale

Merveilleuse contrée que j'aime à explorer
Aux confins éloignés, ta peau est sans frontières
La toucher, la humer et même la sucer
Un peu moins que demain et un peu plus qu'hier.

# Le Chat Perché noyé

Le chat s'était perché sur la place de la ville
Il avait revêtu tous ses habits de fête
Attendant qu'à ses pieds tout le peuple défile
Les notables, les élus et le maire à leur tête

Il faisait grand soleil, samedi était bleu
Des plus jeunes aux plus vieux, on se félicitait
De vivre ce moment, un rendez-vous heureux
Une fois dans l'année, le chat les rendait gais

Une belle tradition que d'honorer ainsi
La mémoire d'un auteur ayant vécu tout près
Dans un petit village à quelques lieues d'ici
Au milieu des pâtures, des rivières, des forêts

Tous célébraient le culte du divin Chat Perché
Animal de légende tout droit sorti des pages
Écrites par Marcel, le bien nommé Aymé
Le ciel était très clair, la kermesse faisait rage

Si samedi fut bleu, dimanche fut humide
Quand midi ne fut plus, les cieux se mirent en rogne
Devinrent soudain très gris, l'air n'était que liquide
Le ciel gâcha la fête sans aucune vergogne

Lcs nuées déversèrent toute leur vie de larmes
La ville ne fut qu'un fleuve, un torrent de tristesse

Qui charria les espoirs de ceux dont les seules armes
Étaient de voir un jour leur labeur mu en liesse

Chat Perché n'était plus qu'une statue mouillée
Dégoulinante de pluie, tremblante et grimaçante
Seule et abandonnée, par la foule oubliée
Quand retentit une voix, effrayante et puissante

Marcel Aymé lui-même se mêlait de l'affaire
Sorti de sa retraite, il défendait son chat
Incitant les humains à cesser son calvaire
Pour que le Chat Perché ne finisse ici-bas

Comme un héros déchu dont l'histoire ne plaît plus
Et chacun fit promesse, selon les vœux du maire
De davantage aimer, de choyer encore plus
Ce pauvre Chat Perché, déplorable chimère

De ne plus l'affliger malgré les ires du ciel
De son céleste  asile, Marcel en fut ravi
Chaque année que Dieu fait, c'est maintenant officiel
Chat Perché est le chantre de la gastronomie

Et qu'il neige ou qu'il vente, qu'il pleuve ou que l'on cuise
Jamais plus Chat Perché ne sera Chat Noyé
Il a suffi d'un jour, d'un dimanche de crise
Pour qu'on fête maintenant dignement Chat Perché.

Pendant le Week-end Gourmand du Chat Perché des 2 et 3 octobre 2021, le dimanche après-midi fut un long moment de déluge et on eut pu craindre que le Chat Perché ne devienne le Chat Noyé... Tout ceci n'est qu'un conte et nul doute que les Dolois n'auraient jamais ainsi traité leur mascotte adorée.

## Naevus fripon

Cette toute petite tache
Ta poussière d'étoile
Si ton sourire ne gâche
A l'aspect d'un pétale

Sur le coin de ton œil
Jolie coquetterie
De l'automne une feuille
De l'hiver les vernis

Du printemps les bourgeons
De l'été la lumière
Elle est toutes les saisons
Aujourd'hui comme hier

Lorsque tu me regardes
Petite poussière m'appelle
Et si je n'y prends garde
Il me pousse des ailes

Je décolle, je m'envole
Au-dessus des nuées
Céleste farandole
Ton coup d'œil m'a touché

Mais lorsque le soleil
Te frappe de côté
Rien n'est vraiment pareil
Ton regard est biaisé

J'ai comme l'impression
Que maintenant tu louches
C'est ton naevus fripon
Qui me vise et me touche.

## Ta liberté

Pourvoir jouir à ta guise du bonheur de courir
Te suffire d'un casse-croûte plutôt que d'un repas
Ne pas avoir le poids d'être dans l'ombre de l'autre
Si ton âme te guide vers d'autres horizons
Envie de compagnie sans t'en sentir esclave
Tu peux hâter le pas sans crainte qu'on ne te suive
Et si tu veux flâner, c'est toi qui le décides
Avancer, t'arrêter, repartir un moment
Enfiler un vieux jean ou un sweet élimé
Personne ne te juge sur tes choix de vêtements
Et si tu veux croiser un chemin différent
Parfois prendre une main ou capter un regard
Parler ou écouter, tes mots et ceux de l'autre
Partager un repas ou un moment de calme
Une belle journée ou une nuit de rêve
Un film que tu aimes ou bien que tu découvres
Il faut qu'on aime tes chats, Brassens le disait
Et aussi tes enfants qui sont sang de ton sang
Et puis aussi bouger, avancer, défricher
Aucune place chez toi pour les « mous de la tige »
Ou pour ceux qui hésitent en pensant vivre cent ans
Tu aimes rester seule mais aussi être à deux
Que ta chère liberté n'en soit pas menacée
Elle est toute ta richesse, celle que tu chéris
Qu'on n'aille pas te la prendre et te la mettre en pièces
Tu ne veux plus jamais qu'on tente de la violer.

## La nuit de tes cheveux

Tu viens de t'endormir, ta tête sur l'oreiller
Ta longue chevelure envahit tout l'espace
Rivière capillaire coulant en liberté
Tes boucles sont des vagues pleines d'ardeur et
d'audace

Elles forment une couronne, fouillis de laminaires
Dans lequel ton visage disparaît pour une nuit
Et demain, lorsque l'aube brandira sa bannière
Tu redeviendras celle qui m'est une amie

Telle une tour de Babel, tes boucles montent vers le
ciel
En une belle spirale, veulent toucher les anges
Joliment les charmer, jouer avec leurs ailes
La nuit les rend légères en d'élégantes franges

Et je reste éveillé à te contempler là
Ton visage paisible sous ce ciel de cheveux
Ce spectacle m'émeut, je ne me sens point las
Je pourrais jusqu'au jour le regarder, heureux

Le soleil touche à peine de ses longs doigts de feu
Caresse du matin le long de l'oreiller
La forêt de tes boucles, spectacle merveilleux
Que celui de tes lianes qui deviennent brasier

Tu sors de ton sommeil, le jour est bien ici
Tu redeviens humaine, un peu échevelée

Je regrette déjà cette douce rêverie
Si j'avais le pouvoir d'encore la faire durer.

## La grande clémence de Clément

Un jour un pauvre élu du nom de Sire Clément
Se vit interpellé par quelques gens du coin
Nous avons bien marché, c'est vers toi qu'on se rend
Il paraît que tu fais et défais, même très loin

Dans toute la contrée qu'on dit département
Les envies, les besoins et projets de chacun
Donne nous Ô Seigneur, s'il te plait quelque argent !
De Dole nous venons, pauvres hères, crève-la-faim

De nager et bouger, nous aimerions le faire
Dans un très beau palais, comme nos proches
voisins
D'une sise région qui ont l'air de se plaire
Piscines, terrasses, gymnases, ils ont tout sous la
main

Le pauvre se renfrogne et leur fait cette réponse
Oh là tout doux mes gueux, comme vous y allez
Il me faut déjà vendre de farine quelques onces
Je n'ai point cet argent que vous me quémandez

Retournez sur vos terres, rejoignez vos cités
Dites à vos familles que j'ai su les entendre
Qu'on verra croître un jour au cœur de la Comté
Un très bel édifice où vous pourrez vous rendre

Pour courir et sauter, nager et vous réjouir
Espace Pierre Talagrand nous le baptiserons

Du nom de ce héros qui fit le sport grandir
Vous serez satisfaits mais point de rebellion !

Les gueux s'en retournèrent dans leur belle cité
Rapportèrent les paroles du Sire Clément
Qui avaient pourtant fait quelques têtes couper
Des offices du sport sur ses nobles arpents

Bien des saisons plus tard, ils restaient fort
sceptiques
Quant à leur beau projet et à son avenir
C'est alors qu'il leur vint un message ironique
Le pauvre Sire Clément va vous faire grand plaisir

Quelque argent il vous offre pour votre beau palais
Vous pourrez à loisir, courir, sauter, nager
L'Espace Pierre Talagrand deviendra aussi vrai
Que moi Sire Clément, je suis homme entêté

Et depuis ce temps-là, Dole peut s'enorgueillir
D'être reine des sports, grâce à ce bon Clément
Qui n'aura eu de cesse de donner du plaisir
Le prénom de Clément lui va bien comme un gant.

L'idée de ce poème m'est venue suite au discours que Monsieur Clément PERNOT, président du Conseil Départemental du Jura, a prononcé à Dole le 16 octobre 2021 à l'occasion de l'inauguration de l'Espace Pierre TALAGRAND, et lorsqu'il a évoqué la pauvreté des finances du Conseil Départemental quand il a fallu aider au financement du projet.

## La câline

Le soleil peine à luire dans le gris de l'automne
Éclaire timidement les grands piliers de pierre
Massives colonnes doriques sur lesquelles l'air
résonne
Rebondit et s'envole en ces lieux séculaires

De sa main, elle caresse le grain blanc de la roche
Laisse courir ses doigts, jouer sa peau si douce
Se fait encore plus chatte pour se sentir plus proche
Tel autour du vieil arbre l'exquis fourreau de
mousse

Elle s'enroule sensuellement autour du tronc épais
Et se laisse gagner par l'émotion du lieu
Ici même où naguère, au cœur de la forêt
S'affairait tout un peuple tenace et besogneux

D'une lointaine contrée arrivait jusqu'ici
Une eau chargée de sel qu'il fallait recueillir
L'or blanc était sacré, il était leur survie
Et pour mieux l'honorer, les hommes lui bâtirent

Ce temple magnifique posé dans la clairière
L'architecte visionnaire réalisait ses rêves
Des murs gorgés de vie, les piliers de sa chair
Qui montaient vers le ciel, y déversant leur sève

De ses gestes sensuels, la femme ressentait
L'émotion de ces lieux, parcourait la mémoire

Du temple de l'or blanc, frissonnait et vibrait
Sous le ciel gris d'automne qui se teintait de noir

Je repense à cette scène
De la belle visiteuse
Dont les doigts se promènent
Atmosphère silencieuse

Il me revient ces mots
Que j'ai imaginés
Comme ça, aussitôt
Devant elle, figé :

*La câline d'Arc-et-Senans.*

## Robe et blouse

Mi-femme mi-enfant
Tu traverses le temps
Tu portes sans aucune honte
Des robes qui te racontent
Elles sont ton enfance
Bel âge de l'insouciance
Elles te font aussi femme
En qui brûle une flamme
Tu es encore élève
Mais en toi coule la sève
Devenue professeure
En ton âme et ton cœur
Mi-femme mi-enfant
Spectacle fascinant
Merveilleuse symbiose
Hallucinante osmose
Prouesse peu commune
De rester encore jeune
Alors que les années
N'arrêtent de défiler
Elles glissent sur toi
Comme l'eau sur un toit
À peine quelques traces
Que ta passion efface
Et cette robe blouse
Qui ta silhouette épouse

Mi-femme mi-enfant
Et maîtresse du temps.

## Chatte

Penchée à la fenêtre, elle regarde la place
D'où je suis, ce spectacle m'est infiniment doux
De ses courbes sensuelles, elle tire sa grâce
Ce cadeau qui m'est cher et vaut bien plus que tout

Je feins d'encore dormir pour profiter au mieux
De cette charmante vision, qu'elle prenne son temps
Immobile, comme tapi, j'entrouvre à peine les yeux
Elle s'éveille et s'étire en des gestes très lents

Telle une chatte, elle allie une beauté troublante
Et une exquise souplesse, corps de tresses et de lianes
Lorsqu'elle se déplace, apparition brûlante
Tout l'espace résonne de sa présence diaphane

Soudain elle se retourne et croise mon regard
Comprenant mon manège, mais loin de me juger
Elle m'adresse un sourire, jouant à ne pas croire
Que pendant ces instants je l'avais espionnée

Et dans ses yeux félins, j'ai alors vu bien plus
Le sourire animal d'une chatte à l'affût.

## Le regard de Delon

Le regard de Delon
Bleu métal et profond
Envahi par la peur
Déjà vide et ailleurs

Devant lui, gigantesque
Monument titanesque
Implacable, elle se dresse
Ignoble vengeresse

Face à la guillotine
L'homme n'est plus que vermine
Son esprit n'est plus là
Son corps est déjà froid

Et ces quelques secondes
Qui le retiennent au monde
Sont déjà son trépas
Condamné, il s'en va

Quel crime a-t-il commis
Et quel est son délit
Pour ainsi mériter
D'être décapité

Sa tête est encore là
Même s'il paraît las
Il n'est plus qu'un pantin
Qui n'espère plus rien

Delon est pétrifié
Par la peur liquéfié
Déjà le couperet tombe
Et le pousse à la tombe.


Poème inspiré par la scène finale de *Deux hommes dans la ville*, film de José Giovanni, datant de 1973. Écrit le jour des 86 ans d'Alain Delon.

## Le rose de tes joues

Le rose te monte aux joues, le bonheur te va bien
En fraîcheur et douceur, l'air sent bon ce matin
Ton parfum irradie, corolle de senteurs
Que j'aime ton jardin aux toutes premières heures

Un rose juvénile qui te ramène loin
Sur les pas de ta vie, dans ces heureux confins
Dans ce léger pays du nom de ton enfance
Où tu chantes et tu ris, où tu cours et tu danses

Dans ce rose qui t'éclaire, j'y vois tout l'espoir
De lendemains remplis d'amour, où le hasard
Malgré toi te fera embrasser tout le ciel
Et poursuivre jusqu'à l'aube les gracieux arcs-en-ciel

Tes joues éclaboussées de ces embruns de rose
Sont comme un océan où mon âme se repose
Le feu du jour mourant m'entraîne dans sa course
Et dans la nuit céleste se réveille la Grande Ourse

Tu es mes émotions, mes montagnes, mes voyages
Quand tu jettes ce rose sur mes paysages
Tu te fais douce offrande et m'emmènes avec toi
Et dans ton beau pays, tu m'accueilles comme un roi.

## Joli minois sous un béret

Joli minois sous un béret
Dont s'échappent quelques cheveux
Sourire d'hiver, l'air est frisquet
Temps gris et lourd, matin venteux
Quelques flocons se sont posés
À la lisière de tes bouclettes
Jolies perles qui à peine nées
Se font la poudre d'escampette

Regard mutin au masque rouge
Tu me fixes sous ce ciel d'hiver
Je m'arrête là et point ne bouge
J'aime ces yeux et puis cet air
Fripon, qui m'invite à rêver
Il est des yeux qui sont cadeaux
Joli minois sous un béret
Merci la neige, rien n'est si beau.

## All Blacks ou All Whites

Quand les fameux Blacks jouent en blanc
Quoi de plus logique finalement
Qu'on les voit faire grise mine
Porter du blanc les assassine

Qui a eu cette folle idée
D'ainsi ce soir les déguiser
Le noir leur va tellement mieux
Le blanc leur est facétieux

Dans leurs maillots étincelants
Chevaliers fiers et fringants
Ils ont bousculé leurs idoles
Qui ont voulu qu'on les immole

Du haut de leurs cieux maoris
Les ancêtres les ont punis
Leur maillot était bien trop blanc
Ce fut la tenue des perdants.

Les All Blacks, équipe nationale de rugby de Nouvelle-Zélande, joue habituellement en maillots noirs. Ce soir, à Paris, ils portaient des maillots blancs contre l'équipe de France. Et ils ont perdu sur le score de 40 à 25.

## Les deux amants

Le couple est installé, le mari et la femme
Ils dominent le monde, tournés vers le lointain
L'onde baigne leurs pieds et y pose son âme
Assis au bord du vide, s'assurant d'une main

Tous deux nés de la pluie et des larmes des cieux
L'eau a gonflé leurs muscles et façonné leurs chairs
Ils ne sont que liquide, écume et flots gracieux
Qui finissent par gronder, que rien ne peut faire
taire

De la douce complainte que chante l'eau de la source
Au tonnerre symphonique qui annonce l'affluent
Les rivières ont grandi en tirant leurs ressources
Du plus profond du sol, patiemment, sagement

Les enfants sont maintenant devenus des adultes
Une très belle femme, un homme aux traits
puissants
À qui les riverains vouent un très noble culte
Celui que les gamins portent à leurs parents

Ils sont un couple beau, fort et doué pour l'amour
De leurs eaux nourricières naîtra une région
Une belle contrée bien nommée Val d'Amour
Car le Doubs et la Loue ont scellé leur union

En terres jurassiennes, entre monts et forêts
Il était un garçon qui aimait une fille

Il est devenu homme, ne s'est jamais lassé
Des attraits de la belle, elle brille et scintille

Ils eurent de beaux enfants, petits rus et ruisseaux
Si l'onde vous voyez, qu'en leurs eaux vous baignez
Songez à leurs parents qui étaient jeunes et beaux
Au Doubs et à la Loue qui coulent sans regretter

D'avoir uni leurs flots
Rivières aux mille éclats
Près des forêts de Chaux
En terre du Jura.

## Coincée du bas

Abri aux folles senteurs d'été
Baigné de vastes horizons
Au soleil, brillant et doré
Et le soir, quand meurt la raison

Quand la nuit recouvre ta peau
La rend délicate à mes doigts
Que mes yeux sont privés du beau
Auquel seules mes mains ont droit

Tu te cambres et tu deviens liane
Courbes sensuelles tendres sur moi
Je m'y aventure et je flâne
Pétri de bonheur et d'émoi

Mais soudain tu t'immobilises
Te soulèves et haut te redresses
Une violente douleur te brise
Qui gagne tes reins et tes fesses

Tu me regardes et m'interpelles
Aïe, je suis morte, je suis bloquée
Mon corps me lâche, cet infidèle !
Paralysée, tétanisée

Je suis broyée
Du bas coincée.

# Un cheveu

Un long cheveu de toi est resté sur le drap
Je le trouve ce matin, souvenir de ton corps
Et de ce long moment où tu étais à moi
Prisonnière docile de mon doux château-fort
Il me reste ce fil posé sur le tissu
L'air est encore empli du parfum de ta peau
Tu es déjà partie, je ne me souviens plus
Tout est allé si vite, que furent tes derniers mots

Tu étais étourdie par le trop d'émotions
À peine réveillée, le jour pointait déjà
Et tu t'en es allée vers d'autres horizons
Me laissant avec moi, hagard et un peu las
Je déroule ce cheveu qui me parle de toi
Il me tarde déjà que tu reviennes ici
Je le tiens précieusement tout au bout de mes doigts
Surtout ne pas le perdre, lui préparer un nid

Il est plus qu'un cheveu, qu'un banal capillaire
Il est né de ta peau, enfant de ta beauté
Je me lève et savoure ce que tu m'as offert
Il va rester ici, au chaud bien abrité

Que d'autres de tes mèches viennent le retrouver
Je prendrai tout le temps de bien les caresser.

## Illusion d'optique

Trapue sur pattes, elle s'étire à l'infini
Cherchant à attraper une proie invisible
S'allongeant encore plus, silhouette indéfinie
D'une chatte élastique aux membres extensibles

Malgré tous ses efforts pour se faire longiligne
Son ventre la trahit, besace inévitable
Elle aura tout tenté pour avoir une belle ligne
Il est des caractères qui restent ineffaçables

Si elle pousse loin devant elle ses longues pattes
Que sa queue se déroule telle une fine corde
Elle sera toujours grosse avec sa panse ingrate
Reposant sur un ventre qui sous elle déborde

Elle apparaît plus grande mais n'en est pas plus fine
Son élasticité n'est qu'un effet d'optique
Elle peut ainsi survivre à d'effrayantes famines
Elle a toujours sur elle sa duveteuse barrique.

## Marcel et Léon

Un jour, un jeune élan, de son prénom Marcel
Traversa l'Atlantique, mascotte des armées
Il survola la mer d'à peine quelques coups d'ailes
Arrivant pour l'Europe des Nazis libérer

De son Québec natal, n'était jamais sorti
On l'avait enrôlé sans qu'il ne dise un mot
Il fut vite sur le front sans n'avoir rien compris
Marcel toujours présent pour soigner tous les maux

La troupe canadienne combattait aux côtés
De ceux dont les Nazis avaient foulé le sol
Les Français occupés voulaient se libérer
De cet envahisseur aux turpitudes folles

Ils avaient leur mascotte, un brave chat tigré
Il s'appelait Léon, prénom des plus gaulois
Furetant, espionnant, bravant tous les dangers
Toujours là, au plus près, dans le feu du combat

Lorsqu'un jour un obus, craché d'un fût teuton
Tomba sur le campement, dans un tonnerre d'enfer
Au fond de la cuvette, parmi les moribonds
Un élan et un chat gisaient couverts de terre

Il en naquit alors une belle amitié
Pour Marcel et Léon, entre France et Québec
Survivants bienheureux des folles atrocités
Qui trônent désormais dans ma bibliothèque

La guerre est terminée, la paix est revenue
L'élan et le matou me considèrent muets
Ils sont là, ont tout vu mais se sont toujours tus
Voyez-vous, ces amis ne sont rien que des jouets

De peluche et d'amour
De douceur, de tendresse
Qui gardent jour après jour
Leur éternelle jeunesse.

## Lumbago salutaire

Elle serpente et ondule malgré sa blessure
Indélicat tourment, sournoise contracture
Âpre et morne dispute entre deux sales vertèbres
La belle est sur le flanc, sombre dans les ténèbres

Elle ne peut plus tenir haut son cou ni sa tête
Marche comme une vieille courbée sous la défaite
La bête serre ses pinces tout en bas de ses reins
Lui tiraillant la croupe en des douleurs sans fin

Aucun médicament ne sait la soulager
Ses jours sont un supplice et ses nuits un brasier
Dont elle ne sort jamais autrement que fourbue
Elle craint chaque lendemain et n'en peut déjà plus

Son amant charitable lui caressant le dos
Pour chasser de son corps ce maudit lumbago
La belle bien excitée fut prise d'une envie
De son gentil servant satisfaire le vit

Et malgré la douleur lui cisaillant les reins
C'est à califourchon qu'elle se mit en chemin
Pour remercier son brave de lui masser la croupe
Et de vouloir faire fuir les tourments de sa poupe

Ô délicieux miracle, incroyable magie
Lorsque la messe fut dite et l'affaire finie
Elle se leva soudain et partit en courant
Guérie de ses douleurs, vers d'autres firmaments.

## La ligne

Ton corps est un pays, une belle contrée
Qu'il me plait d'envahir, royaume de notre amour
Libre à toi qu'il me soit toujours cadeau donné
Pour que ma bouche te baise et que mes mains y
courent

Je dois franchir la ligne, belle démarcation
De ta zone occupée à celle que tu rends libre
Que tu offres à ma fougue, au feu de ma passion
Et sur l'autre versant, je défaille et je vibre

Il est un au-delà que j'aime à découvrir
Un après, un ailleurs, à l'autre bout du pont
Où la fin du chemin m'emmène jusqu'au plaisir
Aimer libre et serein, à perdre la raison

Bienheureux fugitif du monde des humains
De ta zone occupée à celle que tu fais libre
Je m'évade, pacifique, mon amour à la main
La seule guerre que je gagne, pour notre histoire
vivre

Libérer ton royaume, ne plus franchir ce pont
Y planter les ferments du feu de notre amour
Pour qu'y germent les plants des fruits de la passion
Et qu'un jour on oublie de l'histoire le cours

Qu'un monde uni existe, sans bornes ni barrières
Que les ponts soient ouverts, les rivières des abris

Que ton corps soit à moi, cadeau que tu me sers
Qu'il me soit un pays où j'irai en ami.

Hommage à Claude CHABROL qui a tourné le film *La ligne de démarcation* en 1966, dont l'action se passe entre autres sur le pont de Belmont dans le Jura.

## Après l'amour

Je ne sais plus comment, quelqu'un ou bien le vent
A ouvert brutalement la fenêtre tout en grand
Et là, en plein sommeil, il fut mon invité
Sans rien me demander, chez moi il est entré
Sans Se faire annoncer, Son Altesse Soleil
M'a giflé le visage de sa patte de ciel
J'ai fait alors ce songe d'une boule éclatante
D'un orage intérieur aux nuées d'épouvante
Explosant en mon sein en un brillant fracas
Sans même que je n'en éprouve aucun désarroi
Et lorsque de mon somme, je fus enfin tiré
Il me revint sitôt à l'esprit cette idée
Que l'amour me procure aussi d'autres orages
Dont je ne goûte ensuite que des après bien sages
Lorsqu'en un même temps, le corps uni à l'âme
N'a plus que de l'extase la chaleur de la flamme.

## Ma tartine du matin

La cuillère s'étend et s'allonge, insouciante
Coule et nage, ondulante, dans le lit onctueux
La confiture brille sous le ciel, alléchante
Elle s'offre et s'étire en un gel sirupeux

Sur la pointe de ma langue, une perle que je dépose
Au goût doux et sucré, me fait une étincelle
Il me revient soudain, le temps que dure une rose
Le souvenir précis de la caresse d'une aile

Ce doux effleurement de ta peau sur ma bouche
Tu ouvrais ton calice et l'offrais à mes lèvres
En une lente danse, lorsque nos corps se touchent
Que deux deviennent un, nous ne sommes plus que fièvre

Et dans cette cuillère, au creux de son métal
Il y a un peu de toi, du sucré de ta grotte
L'abricot et son jus sont pour moi un régal
J'adore ma tartine et le suc de ta motte.

## Ton cul

Même s'il ne te plaît pas
Que tu ne l'aimes pas
Qu'il est pour toi un cul
Comme tous les autres culs
Qu'il n'y a pas là de quoi
Se mettre en tel état
Pour moi ton cul me parle
Se montre même cordial
Me sourit et me dit
Viens, soyons bons amis
Et ne sois pas de bois
Pose tes mains sur moi
Et laisse-toi aller
À bien me caresser
Prends le temps de flâner
Lentement te promener
Ne boude pas ton plaisir
Tire moi des soupirs
Tu vois bien que ton cul
N'est pas qu'un banal cul
Il est plus que douceur
Émotion et chaleur
Bien plus que ton séant
Il m'est un hôte charmant
Qui sait me recevoir
Et même m'émouvoir

Sa peau est comme feutre
Je ne puis rester neutre

Je m'emporte et m'envole
Quelques frissons te vole
Tu vois qu'il est bien plus
Qu'un postérieur pansu
Un fessier rebondi
Des miches arrondies
Il est un doux voyage
Dans lequel je m'engage
En toute poésie
Et en belle sympathie

Alors ne le blâme pas
S'il ne te ravit pas
Sache qu'il en est un
Qui s'en trouve fort bien
Et qui s'en satisfait
Sans faire de simagrées
Ton cul sait le ravir
D'un si tendre sourire
Il est comme un soleil
Qui brille dans son ciel.

Voilà pourquoi...

## Petite fille

Ce soir petite fille tu es redevenue
Le visage bien enfoui au fond de l'oreiller
Seuls tes cheveux flottaient, légers, juste au-dessus
L'amour t'a rajeunie, sur toi toute ramassée
Tu es si reposée que ton souffle discret
Ne me parvient qu'à peine à travers la moiteur
Où fous, nous nous aimâmes, tous deux tant
Absorbés
Entre nos longues étreintes et nos belles fureurs

Femme d'avant l'amour, tu redeviens fillette
Après que Cupidon t'a touchée en plein cœur
Sourire sur l'oreiller, allongée sous la couette
L'innocence t'a gagnée en pleine vague de douceur

Je profite béat de ce charmant visage
Doux spectacle dont je sais qu'il sera éphémère
L'enfance va te quitter, tu regagneras ton âge
Il faudra à nouveau que l'amour te conquiert
Pour que tu puisses encore sourire dans l'oreiller
T'y blottir, t'y cacher, avec ce doux visage
Celui de la petite fille que tu étais
Qui surgit du passé comme dans un mirage.

## Le trail urbain du Chat Perché

Un trail en ville, quelle drôle d'idée
Il n'y a qu'à Dole qu'on peut voir ça
Un trail urbain du Chat Perché
Un truc bien fou et bien fada
Faire courir près de six cents sbires
Dans les ruelles de la vieille ville
Un drôle de programme, un délire
Qu'on aurait pu juger débile

Tout y était pour la souffrance
Des pentes bien raides, des escaliers
Des virages pour les relances
Des pavés sournoisement mouillés
Mais quel spectacle, toutes ces lucioles
Cette procession de lumignons
Dans nos vieilles rues espagnoles
Même l'Hôtel-Dieu salué à fond

La noire Fontaine des Lépreux
Visitée comme en pleine saison
Les trailers y étaient chez eux
En toute folie et déraison
La ville s'est faite bel écrin
Pour accueillir tous ces coureurs
Et tous l'ont dit, c'était très bien
Au diable les crampes et les douleurs

Si dans un an, le Chat Perché
Parraine encore le trail urbain

Il sera fier de l'adopter
Dole sera reine, j'en suis certain.

## La belle et le serpent

Belle petite créature au museau bien luisant
Peu farouche et curieuse des choses de la vie
Un jour trop s'approcha d'un gracieux serpent
Gisant là tranquillement, sous les feuilles tapi

Le reptile débonnaire se laissa approcher
Par la belle petite voulant jouer avec lui
Elle se fit téméraire, osa le caresser
Le serpent volontiers bien complice se fit

Et lorsque le manège eut duré plus qu'assez
Le serpent impatient ouvrit bien grand sa bouche
Et sur la belle petite cracha une giclée
Qui toucha la jolie en plein museau, fit mouche

Le reptile se coula sans demander son reste
Quant à la demoiselle, le museau tout visqueux
Encore tout étonnée de ce cadeau modeste
Aimable conclusion d'un instant délicieux

S'en reprit son chemin vers d'autres destinées
Pour le bout du museau bien se débarbouiller.

Ne dirait-on point une fable de Jean de La Fontaine…

## Magicienne

La voix douce et feutrée
Ce qu'il faut de doigté
Dans les yeux un sourire
La voix sait avertir
Si l'élève s'agite
Un zéro de conduite
Noté sur son cahier
Il lui faudra copier
Cent fois qu'il n'aurait pas
Dû faire tant de fatras
Elle est leur magicienne
De leur vie la gardienne
Elle seule sait les mater
Leur dire comment marcher
Pour ne pas s'égarer
Et ne pas trébucher
Elle est une mère pour eux
Si l'un est trop peureux
Elle va le consoler
Un autre est dissipé
Elle le gourmandera
Et il filera droit
Par la voix, par les mots
Elle conduit ses petiots
Au milieu du chemin
Vers leur noble destin
Il n'est pas trop de dire

Qu'elle les aide à construire
Leur futur, leur demain
Et qu'elle tient dans sa main
Bien plus qu'on ne peut croire
Du matin jusqu'au soir
Elle est toute à sa tâche
Jamais rien elle ne lâche

Elle est leur magicienne
Et leur institutrice.

## Remerciements

Toute ma gratitude à Annie et Jacques GEOFFROY pour avoir pris le temps de lire mes pages et d'y avoir apporté les corrections qui s'imposaient. Votre expertise amicale est toujours pour moi une aide précieuse.

Et merci à la vie de m'offrir toutes ces belles occasions d'écrire.

## Table des matières

La haine

La grosse et le boiteux

Le feu et l'eau

Ton calice

De Caulaincourt au Sacré-Coeur

Une passante

Lueurs nocturnes

La dame de mes nuits

Mes tours jumelles – Eleven Nine

Nuit d'ivresse

Végétale

Ta peau

Le Chat Perché noyé

Naevus fripon

Ta liberté

La nuit de tes cheveux

La grande clémence de Clément

La câline

Robe et blouse

Chatte

Le regard de Delon

Le rose de tes joues

Joli minois sous un béret

All Blacks et All Whites

Les deux amants

Coincée du bas

Un cheveu

Illusion d'optique

Marcel et Léon

Lumbago salutaire

La ligne

## Du même auteur

Hors du bocal - Recueil de nouvelles - Éditions Lulu - 2008

Une bande rouge dans le vent - Deux semaines aux Glénans - Texte et photographies de Michel BRIGNOT - Éditions Blurb - 2008

Morrison's Jig - Roman - Éditions du Chemin Blanc – 2012

Renaissances - Recueil de nouvelles - Collectif d'auteurs - « Le mur d'en face » - Éditions Souffle Court - 2015

Mémoire d'aviron - Textes de Michel BRIGNOT - Photographies d'Anthony BENOIT - Éditions de La Passerelle - 2016

Humeurs d'alambics, distillation en Franche-Comté - Textes de Michel BRIGNOT - Photographies de Jérôme GENEE - 2017

Le monde changera un jour - Recueil de nouvelles - Collectif d'auteurs - « L'aigle et l'oisillon » - Éditions Souffle Court - 2017

Petit abécédaire de mes premiers émois - Recueil de nouvelles - Éditions du Chemin Blanc - 2018

Cueilleur d'éclats - Textes et photographies - Collectif d'auteurs - « Le même sourire » - Éditions Souffle Court – 2018

L'erreur de trop - Recueil de nouvelles - Éditions Souffle Court - 2019 - Prix Louis Pergaud 2020

Rames en rimes - Recueil de poèmes - Éditions du Chemin Blanc – 2020

Lorsque la vague s'en est allée - Recueil de poèmes - Éditions du Chemin Blanc - 2021

Édition : BoD – Books on Demand,
12/14 rond-point des Champs-Élysées, 75008 Paris
Impression : BoD - Books on Demand, Norderstedt, Allemagne

Illustration : Michel BRIGNOT

ISBN : 978-2-3223-9142-4

Dépôt légal : Mars 2022